AF465784

DU

PAUPÉRISME PARISIEN

OUVRAGE DU MÊME AUTEUR

L'Association internationale des travailleurs, par E.-E. FRIBOURG, l'un des fondateurs. 1 50

Chez Lechevalier, 61, rue Richelieu, Paris.

E. AUREAU. — IMPRIMERIE DE LAGNY.

ÉTUDES SOCIOLOGISTES

DU

PAUPÉRISME PARISIEN

SES PROGRÈS DEPUIS 25 ANS

PAR

E. E. FRIBOURG

PARIS

1872

Dédié aux 493 de l'Assemblée nationale siégeant à Versailles.

Mars 1872.

DU

PAUPÉRISME PARISIEN

SES PROGRÈS DEPUIS 25 ANS

I

Préambule

. . . .

...Il s'est, en outre, accompli dans l'industrie une révolution bien digne de l'attention des hommes d'État.

Les artisans d'autrefois qui, semblables aux cultivateurs d'alors et d'aujourd'hui, travaillaient en famille, ont disparu. Les exigences de l'industrie ont groupé les ouvriers, autour des machines, par masses compactes dont les épreuves, les passions, les intérêts sont communs.

Ces groupes, presque tous réunis dans les grandes villes, à Paris particulièrement, ont été naturellement conduits à se concerter, à s'unir, et des relations se sont établies d'un pays à l'autre, car des deux côtés d'une frontière, il y a les mêmes problèmes à résoudre.

Ainsi s'exprime M. de Cézanne dans son rapport sur la proposition Ravinel. Certes jamais phénomène ne fut mieux constaté, jamais penseur ne mit plus sûrement le doigt sur la plaie; aussi lorsque, frappés à leur tour de l'état de l'industrie parisienne, MM. Cantagrel, Ranc, Mottu et plusieurs de leurs amis, dirent que pour voir cesser l'atonie qui pèse sur la capitale, il suffirait de restituer aux ateliers les milliers de prisonniers politiques qui encombrent les pontons et les prisons, nous ne pûmes nous défendre d'un mouvement d'incrédulité.

Pour nous, ces honorables conseillers prenaient une résultante pour une cause.

Non messieurs! non! les 100,000 bras emportés et dispersés par la tourmente communaliste, reprendraient-ils leurs places à l'établi; les impôts extraordinaires qui mériteront dans l'histoire le nom d'*impôt Bonaparte*, cesseraient-ils de s'appesantir sur nos relations industrielles, que pour aussi longtemps que ne sera pas mise à nu la cause économique qui ramène périodiquement les crises sociales, nous serons menacés de voir se justifier par des faits cette prophétie sinistre qui depuis vingt ans vibre à notre oreille : Paris se meurt, Paris s'éteint!...

Poursuivez donc, citoyens conseillers, votre campagne en faveur de l'amnistie, vous le devez à l'humanité, aux familles de vos commettants, à la logique de notre philosophie nationale, poursuivez-là, ne serait-ce que pour enlever du jeu bonapartiste cette carte suprême.

Mais soyez en bien convaincu, pas plus le retour des fédérés républicains, cet objet de vos désirs, que la décapitalisation de Paris, ce non-sens d'une majorité monarchienne, ne résoudra le problème qu'il nous est imposé d'étudier.

Le virus est plus profondément entré dans notre organisme industriel et commercial, il s'infiltre dans toutes les branches de notre activité et réclame tous nos soins, toute notre attention.

Ne nous payons plus de mots, voyons les choses *réelles*, écartons de vaines apparences, car si nous devions toujours nous en tenir à la constatation superficielle des faits journaliers, si nous ne devions encore les juger qu'à travers le prisme de nos passions politiques, nous serions un peuple bien fini.

Quelques mots feront comprendre notre pensée. A nulle autre époque de notre histoire, l'activité parisienne ne revêtit un air de prospérité semblable à celui qu'elle affectait sous le gouvernement de Louis Bonaparte : Crédit national et local immense, fortunes énormes rapidement acquises dans les affaires, élévation du salaire de l'ouvrier en même temps que surenchérissement du prix de l'argent, libre échange glorifié par la gauche myope du régime, rien n'y manquait.

On trouvait de l'argent pour toutes les entreprises, même pour les plus véreuses ; à certains moments de l'année, les bras faisaient réellement défaut sur la place, et c'était avec un semblant de vérité que les organes officiels et officieux exaltaient la splendeur toujours croissante dans la capitale de l'empire français.

Cependant tout cela n'était qu'illusions, ombres trompeuses, masquant l'abîme vers lequel s'acheminait en écervelée la société tout entière.

Pour les rares observateurs de cette époque, les symptômes ne manquèrent pas, mais la masse fermait volontairement les yeux, et, de son côté, le pouvoir s'efforçait d'éborgner ceux qui prétendaient y voir plus clair.

En vain les chômages s'accusaient plus longs et plus fréquents chaque année, en vain les grèves devenues, hélas! une arme d'économie sociale annonçaient le malaise intérieur du monde du travail; ni l'incertitude de l'avenir, ni les cruautés du présent, n'avaient la puissance de déchirer le voile; en avant! en avant! sur la voie des jouissances, advienne que pourra!... C'était le cri du jour.

Aussi, lorsqu'éclata la fatale guerre que l'empire n'avait su ni prévoir ni éviter, l'effondrement de notre industrie n'était déjà plus qu'une question d'années, de mois; j'oserai dire de jours.

De toutes parts, en Suisse, en Russie, en Amérique, au Japon, en Chine, les spéculateurs avaient déjà fait appel aux capitaux pour tenter d'acclimater sur leur sol ces industries qui ont fait jusqu'en ces derniers temps notre force et notre gloire. Aujourd'hui le danger est plus pressant que jamais. Discourir, nier, ne servirait a rien, il faut trouver le remède, et seule l'étude de la série de phénomènes qui amenèrent notre capitale si près de sa ruine peut nous le révéler.

A l'étude, au travail et pour nous réconforter dans notre labeur, rappelons-nous ce vers de Rotrou :

On peut voir l'avenir dans les choses passées.

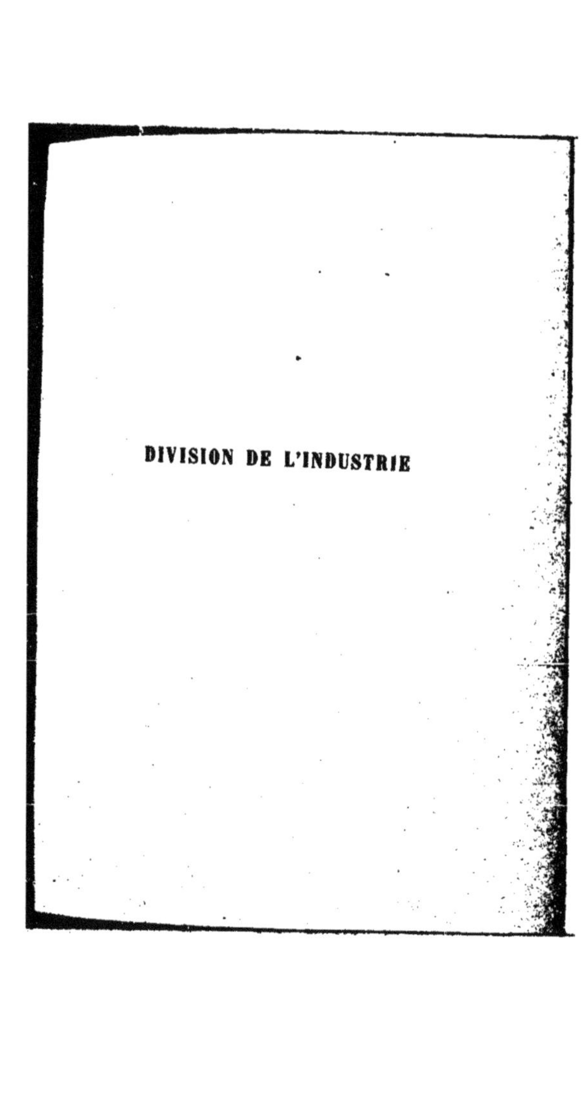

DIVISION DE L'INDUSTRIE

II

Division de l'industrie

L'industrie parisienne se divise actuellement en 10 groupes principaux :

Alimentation.
Bâtiment.
Ameublement.
Vêtement.
Tissus et fils.
Métaux, acier, cuivre, etc.
Or, argent, platine.
Industrie chimique et céramique.
Imprimerie, gravure, papeterie.
Articles de Paris et divers.

A ces groupes se rattachent *officiellement* toutes les branches de production de la capitale.

Une telle division, n'ayant d'autre base qu'une analogie plus ou moins justifiée, devait subir de fréquentes modifications. Aussi n'avons-nous pas été surpris de constater qu'il y a 25 ans les économistes avaient trouvé 13 groupes industriels, tandis qu'en 1860 ils n'en comptaient plus que 10, et rien ne nous garantit qu'avec la sûreté scientifique qui les distingue, ils n'en découvriront pas 15 très-prochainement.

Quoi qu'il en soit, comme il nous fallait asseoir notre travail sur une base inattaquable, nous avons accepté les divisions et les chiffres recueillis par la chambre du commerce de Paris, lors des deux enquêtes faites sous sa direction et par ses soins en 1846 et 1860.

Nous n'avons apporté d'autres modifications aux tableaux des enquêtes que celles nécessaires pour ramener la concordance entre les professions objets de notre recherche, et que le caprice des princes de la science avait classées différemment aux deux époques.

Ce sont donc des chiffres *officiels* que nous plaçons sous les yeux de l'analyste.

Nous avons pris pour type le groupe 4, celui du vêtement, et, pour la clarté de notre démonstration, nous devons donner connaissance au lecteur des motifs qui nous ont guidé dans notre choix.

Désireux d'être l'interprète de la vérité, nous avons repoussé tout d'abord les groupes placés dans des situations exceptionnelles, telles par exemple que le groupe de l'Alimentation : ces produits, se consommant tous sur place, auraient fourni des résultats sans portée; pour la même raison, mais pour des motifs opposés, nous n'avons pas établi non plus nos calculs sur le groupe 10, Articles de Paris, ce groupe, l'extrême du 1er, travaillant presque exclusivement pour l'exportation n'a aucun rapport direct avec la population, l'un donnait trop, l'autre pas assez.

Nous nous réservons du reste d'y revenir ultérieurement.

Le groupe du vêtement, au contraire des deux autres, s'adressant en partie à la population locale, et en partie à la consommation étrangère, se prêtait mieux à une étude de la marche contradictoire des salaires et des bénéfices.

C'est le résultat de ce travail que nous avons groupé en un tableau synoptique et que nous soumettons à l'attention du lecteur en le faisant précéder et suivre d'observations sur la matière.

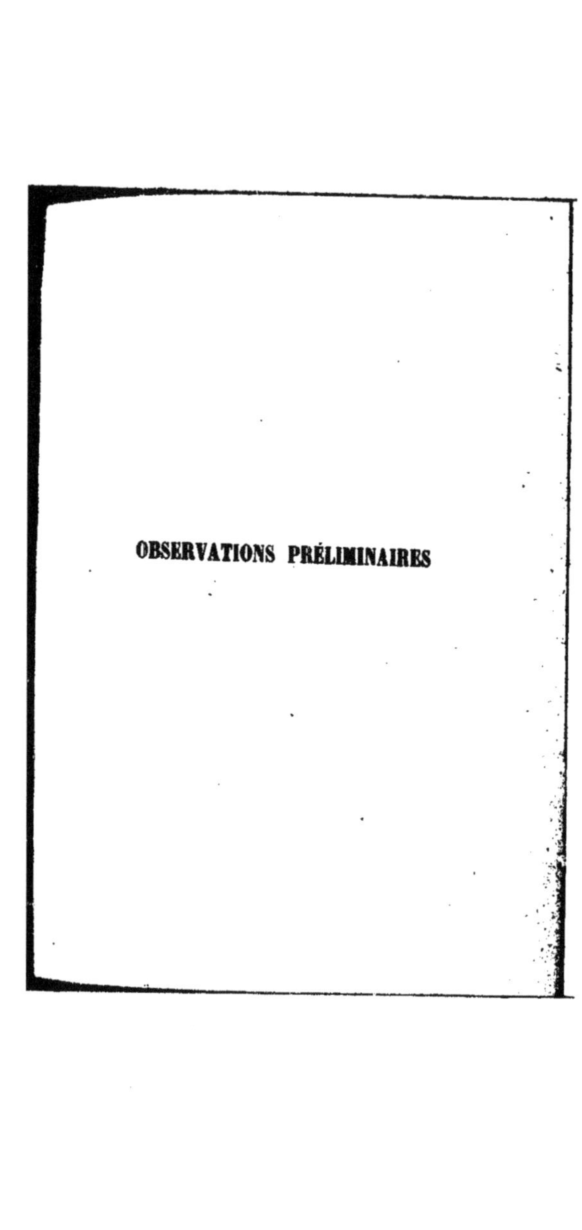

OBSERVATIONS PRÉLIMINAIRES

III

Observations préliminaires

Pour établir clairement notre tableau, nous avons suivi la méthode suivante : dans la 7e colonne, nous avons réuni la totalité des bras employés dans chaque industrie en 1846, les colonnes 1, 2, 3 montrent comment ce chiffre total se subdivisait à cette date ; la colonne 8 donne également le total des bras en 1860, et les colonnes 4, 5, 6 en montrent la subdivision.

Les colonnes 9 et 10 sont consacrées à l'énoncé total du nombre de bras perdu ou gagné par l'industrie spéciale en 14 ans, et fournissent déjà un résultat brut, mais d'autre part, la population parisienne de 1 million ayant atteint, par l'annexion des banlieues, le chiffre de 1,700,000, nous avons indiqué aux numéros 11 et 12 les rapports qui existaient entre la population et les travailleurs aux deux périodes. Nous signalons ce point au lecteur.

Les colonnes 13, 14, 15 et 16 indiquent les salaires moyens des hommes et des femmes.

Sous les numéros 17, 18, 19 et 20, nous avons présenté le chiffre de gain annuel en 1846 et en 1860, tenant compte dans les deux cas des temps moyens de chômages aux deux époques.

Les colonnes 21, 22, 23 et 24 indiquent quelle influence définitive la durée des chômages a eue sur le gain total des travailleurs. Elles établissent donc le chiffre de salaire réel.

Enfin les numéros 25 et 26 donnent le chiffre d'affaires auxquelles ont donné lieu les diverses branches des groupes en 1846 et 1860.

A la suite de cette explication, nous croyons indispensable de fournir les quelques renseignements généraux qui suivent :

RENSEIGNEMENTS GÉNÉRAUX.

La moyenne économique du salaire masculin, qui était en 1827 de 2 fr. 75, d'après les très-rares documents se rapportant à cette époque, atteignait, en 1846, c'est-à-dire 19 ans après, la somme de 3 fr. 34 c.

En 1860, nous trouvons que cette moyenne, cherchée d'après les données industrielles, était de 4 fr. 50 c., et en 1870, les économistes officiels et officieux constataient que ce chiffre représentait encore là moyenne économique pour toute l'industrie parisienne.

C'est donc, de 1827 à 1846, 0 fr. 59 c. d'augmentation par une marche ascendante de 0 fr. 031 m. chaque année, et de 1846 à 1870, 1 fr. 16 c. d'élévation de salaire par une progression annuelle de 0 fr. 048 m.

0 fr. 017 m. par an représentent donc l'influence de l'empire sur le bien-être des ouvriers, puisque la montée normale était 0 fr. 031 m.

Il serait puéril d'insister auprès du lecteur sur la progression bien autrement rapide du prix des objets de première nécessité, nous observerons seulement que les denrées alimentaires ont atteint, depuis 20 ans, des prix si exorbitants, qu'ils eussent semblé fabuleux à nos frères ainés, et nous rappellerons qu'en 1868 M. Rouher, alors ministre d'État, faisait à l'empire un titre de gloire de ce que la valeur de la propriété s'était augmentée de 80 p. 0/0.

Il résulte donc de ce premier point que le dernier salaire nominal de 4 fr. 50 c., quoique plus élevé de 1 fr. 16 c. que celui de 1846, est par relation moins productif que son précédent, et qu'il devient nécessaire de travailler davantage pour obtenir un gain effectivement égal.

Cette ressource suprême est-elle offerte à l'ouvrier? Non! de leur côté les chômages sont devenus plus fréquents, plus longs, et, pour plusieurs causes, sévissent avec rigueur pendant une période de quatre à six mois par année pour l'industrie qui nous occupe.

Or, de ce second fait, aussi indéniable que le précédent, la conséquence est facile à tirer, et un simple coup d'œil jeté sur notre grand tableau montrera à combien de salaire effectif correspond actuellement la moyenne nominale.

Nous avons alternativement dit : moyenne économique et moyenne industrielle; ceci demande explication : pour obtenir une moyenne de salaire dans une industrie quelconque, messieurs les économistes additionnent la totalité des salaires payés par les entrepreneurs d'industrie, puis, opérant la division de ce total par le nombre de têtes employées, ils proclament ce dividende comme la moyenne du gain de l'ouvrier.

Ils ne voient pas que ce mode d'opérer, contraire à la logique, donne rarement le chiffre réel, puisqu'il suffit, en effet, de trois ou quatre gains anormaux, soit comme élévation, soit comme minimum, pour faire varier cette moyenne du tout au tout.

Exemple : sur 10 ouvriers composant le personnel d'un atelier, 8 gagnent 5 fr., 2 en gagnent 10; le salaire total payé étant égal à 60, l'économiste en déduirait que la moyenne pour chaque ouvrier est de 6 fr., ce qui serait faux.

Inversement, 8 gagnent 5 fr., 2 gagnent 3 fr., total général, 46 fr.; s'ensuivrait-il que 4 fr. 60 c. soit la moyenne? Évidemment non; dans les deux ateliers, la journée moyenne est 5 fr., les extrêmes sont l'exception.

Pour obtenir la moyenne vraie, nous avons fait différemment, considérant qu'il y a toujours dans une profession les ouvriers inhabiles, les bons ouvriers et les mains hors ligne, nous avons adopté comme moyenne industrielle le salaire du bon ouvrier, les deux autres catégories formant partout minorité dans les extrêmes.

Par application de ce procédé, nous avons obtenu des prix de journée réels et non des chiffres fantaisistes, tels que des 4 fr. 66 c. ou 4 fr. 01 c. que le travailleur ne connaît pas et qui ne peuvent que s'opposer à ce qu'il comprenne ce qu'on a l'air de vouloir lui dire.

En ce qui concerne les chômages, nous avons encore pris la moyenne industrielle, et pour la période 1846, nous avons adopté 3 mois; pour la période 1860, nous avons pris 5 mois, c'est-à-dire, dans le premier cas, de 300 jours ouvrables, nous avons distrait 75 journées de chômage, et dans le second, 125 journées; c'est donc à ces données qu'il conviendra d'en référer pour contrôler les chiffres que nous publions.

En terminant cette partie de notre étude nous insisterons de nouveau sur ce point, que dans l'industrie qui nous occupe aujourd'hui, d'après leurs propres déclarations, 49 p. 0[0 des maisons parisiennes sont atteintes par un chômage moyen de cinq mois (deux et demi en hiver, deux et demi en été); qu'il est de règle, dans toutes les industries, de mettre toujours les inhabiles au repos pendant le chômage, le fabricant ayant un intérêt direct à conserver les bons ouvriers, et qu'en conséquence, les chiffres groupés par nous, et indiquant le gain annuel de l'ouvrier sont douloureusement incontestables pour 50 p. 0/0 des travailleurs de l'industrie de vêtement, l'une des plus importantes de la capitale.

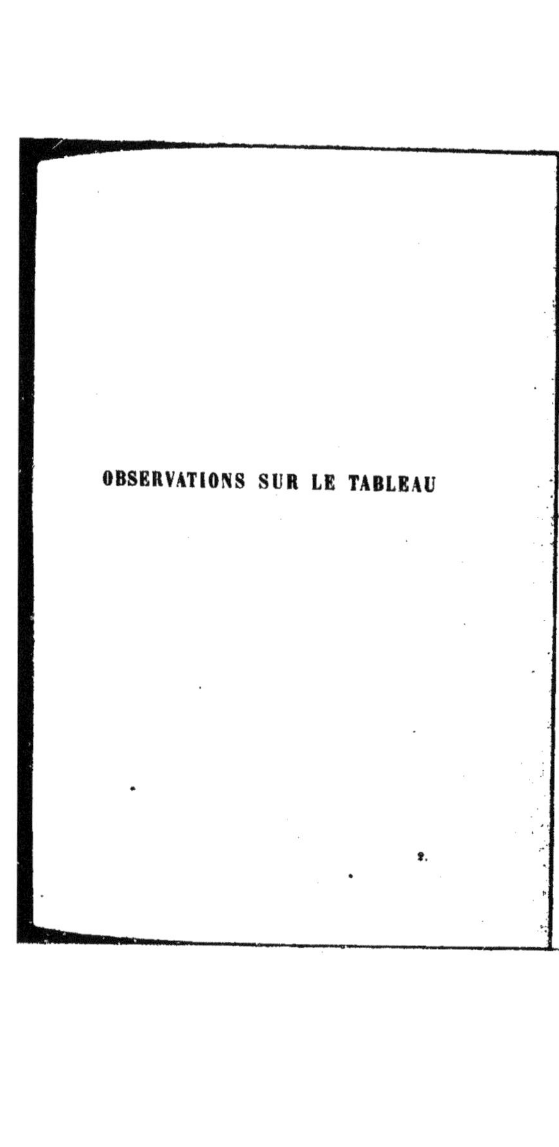

OBSERVATIONS SUR LE TABLEAU

IV

Observations sur le tableau

Notre travail serait évidemment incomplet si nous ne groupions, dans un court résumé, les leçons qui se dégagent des chiffres que nous venons de publier, et si nous n'insistions sur les étranges résultats économiques que révèle cette rapide étude.

Procédant par réunions de faits, nous remarquerons que les professions A, B, C, D, G, M, P, ont toutes les sept vu s'augmenter très-considérablement le chiffre des affaires réalisées par les fabricants tout en perdant chaque année un nombre énorme de bras : résultat direct de l'introduction *ex abrupto* des machines dans les ateliers, auxquelles vont s'ajouter pour les spécialités C et G la concurrence déloyale des couvents, prisons et écoles parisiennes.

Pour la profession E le nombre des bras s'est presque conservé en relation avec la population, il est vrai, mais les affaires y ont pris une extension hors de toute proportion, et là encore se retrouve l'influence des machines.

Les spécialités F, H, K, Q, S ont suivi à peu près le mouvement de la population, et les chiffres d'affaires ont conservé une relation presque normale; nous avons le droit de noter au passage que ces professions se sont, jusqu'à ce jour, soustraites aux atteintes des machines.

I, L, V, représentent des professions en pleine décadence; moins de bras, moins d'affaires, les chiffres consignés au tableau ne doivent leur apparente importance qu'à ce fait que les matières premières ont augmenté depuis quelques années d'une manière énorme; à ce groupe nous réunissons la spécialité J que les deux tiers des ouvriers hommes ont dû abandonner par suite de l'insuffisance des salaires.

Enfin, une seule profession R a vu quadrupler son personnel et décupler son chiffre d'affaires. Loin d'y voir un signe de prospérité, il faut y reconnaître la marche ascendante du paupérisme. Ne pouvant plus acquérir d'habits neufs, l'ouvrier parisien s'abrite sous des hardes d'occasion.

Il est donc remarquable que dans toutes les professions du vêtement, sauf cinq des moins importantes N, O, T, U, X, le nombre des bras, loin d'avoir suivi le mouvement ascendant en rapport avec la population a toujours été en déclinant, et que de 96,391 qu'ils étaient dans le Paris d'un million d'habitants, ils se sont trouvés réduits au chiffre de 78,934 dans la capitale impériale.

La misère toujours croissante contraignait les travailleurs d'émigrer vers d'autres marchés du travail.

En même temps, et sans doute pour faire équilibre, croissait sans cesse la prospérité des trafiquants; puisqu'au chiffre de 271,232,310 fr. qu'ils avaient inscrits sur leurs livres en 1846, ils pouvaient opposer celui de 474,606,230 pour 1860. Soit 203 millions d'affaires de plus avec 17,000 bras de moins à l'atelier.

Les patrons de 1846, en prélevant 10 p. 0/0 de bénéfices nets sur leurs affaires avaient annuellement 25 fr. environ par chacun de leurs ouvriers. Leurs confrères de 1860, plus impérialement intelligents, recueillirent avec moins de souci près de 60 fr. en supposant qu'ils se contentèrent, eux aussi, de 10 p. 0/0 de bénéfices nets.

En progressant toujours ainsi, on pouvait prévoir le moment, et il était proche, où tout en n'ayant plus d'ouvriers à conduire, les hauts barons de l'industrie eussent encaissé seize fois plus de bénéfices.

Quel suprême résultat, et comme les recruteurs du régime impérial sont bien venus à parler aux ouvriers des dix-huit années de sécurité dues à leur chef.

V

Citations à l'appui

Déjà depuis longtemps les résultats que nous venons de signaler avaient été prévus par les penseurs.

Voici sur ce sujet l'opinion de quelques-uns d'entre eux à propos du rôle de l'ouvrier dans l'industrie.

« ... En revanche, quand on le replace sur un terrain manufacturier, M. Owen retrouve tous ses avantages et toute sa force. Ainsi, dès 1811, il avait prévu l'avenir que les machines réservaient à la classe ouvrière, et, en 1818, il adressait à ce sujet un mémoire aux souverains de la Sainte-Alliance, réunis alors en congrès à Aix-la-Chapelle. Dans ce factum, *il prouvait, par des chiffres*, que, de 1792 à 1817, les découvertes d'Arkwight et de Watt avaient augmenté de

« douze fois la puissance productive de la Grande-Bretagne,
« sans qu'il en fût résulté autre chose qu'une misère chaque jour
« croissante parmi les travailleurs ; il y établissait que la taxe
« des pauvres avait dû s'élever et s'élevait toujours en raison
« directe des économies introduites dans la main-d'œuvre ;
« enfin, il concluait que dans l'état actuel de la production et
« de la distribution des richesses, la misère des classes labo-
« rieuses ne pouvait aller qu'en s'aggravant, et empirer d'au-
« tant plus que les forces mécaniques se substitueraient davantage à l'action de l'homme. »

(1838. **Louis Reybaud**, *Études sur les réformateurs contemporains.*)

« ... On a beaucoup parlé pour et contre les machines, van-
« té, déprécié leurs effets commerciaux ; mais a-t-on suffi-
« samment, consciencieusement médité leur influence sur la
« population ?

« Nous ne le pensons pas.

« Elle a pour but de diminuer les frais de production, consé-
« quemment de restreindre la somme de salaire indispensable
« à la subsistance du pauvre.

« Tel est aussi son effet.

« Or, l'intérêt du gouvernement, de la morale, de la philan-
« thropie est et sera toujours d'employer au travail le plus
« grand nombre de bras possible.

. . . .

. . . .

Avec les machines, le salaire diminuant en raison inverse
« de l'augmentation populaire, que l'on sait être la plus ra-

« pide de toutes, il en résulte indispensablement un surcroît « de paupérisme.

« A cela, on a répondu que les bras rendus oisifs s'em« ploieraient ailleurs ; cela peut être dans un pays neuf, « comme les Etats-Unis ; là, d'une part, l'ouvrier est rare ; de « l'autre, l'agriculture y opère sur une grande échelle, tous « les bras peuvent y trouver des occupations variées ; la ma« nufacture n'est pas une glèbe à laquelle une classe se trouve « nécessairement attachée.

« Dans les régions où la population surabonde, lorsqu'une « manufacture tombe ou qu'une machine s'élève, la catégorie « que ruine également la chute ou le succès ne trouve aucun « moyen de s'intercaler dans les catégories occupées, ou, si « elle y réussit, le trop plein déborde toujours.. . . . . .

. . . .

« Bien évidemment, et dans l'état actuel des choses, l'ouvrier « repoussé par la machine ne trouvera nulle part un rempla« cement à la perte qu'elle lui fait éprouver.

« En vain, a-t-on dit que le système des machines, en aug« mentant la puissance du travail, amènera une diminution « dans les prix de vente, partant un surcroît le consomma« tion : d'où il suit que loin de se restreindre, le nombre des « ouvriers employés aux manufactures s'étendra à l'infini : « *Plus on produit, plus on consomme.*

« Adage fort rebattu et très-loin de la vérité.

« En effet, un ouvrier dans la malaisance, forcé à une stricte « économie, achetait à grand'peine ses vêtements ; sa dépense « ne passait pas 6 francs ; les prix ont baissé ; avec la même « somme, il peut doubler ses achats. Là, il y aura une amé« lioration évidente. Plus tard, nouvelle baisse : l'homme

« quadruple ses achats ; ce mécanisme se conçoit facilement et « peut s'appliquer tant aux diverses marchandises qu'aux « classes diverses de la population.

« Mais si l'on veut prêcher l'élasticité de la consommation « comme on prouve celle de la production, ici commence « l'erreur.

« Une fois les besoins apaisés, la prodigalité même satis- « faite, la consommation quadruplée, il est hors de sens de « supposer que le consommateur dépassera une certaine li- « mite ; car, au lieu d'économiser, sa dépense augmenterait. « Passé le point où la consommation reste au-dessous de la « production, point impossible à préciser, soit par le gouver- « nement, soit par l'industrie, il y a ruine, il y a précipice.

« Et par une conséquence funeste, ce précipice s'augmente « forcément de toute amélioration productive créée nouvelle- « ment dans chaque manufacture.

« En effet, si antérieurement l'une d'elles suffisait à la con- « sommation, et que celle-ci ait quadruplé, quatre manufac- « tures de même puissance ont pu s'établir simultanément « sans danger pour aucune d'elles. Mais de nouveaux procédés « viennent doubler leurs produits ; plus de débouchés.

« Nécessairement alors deux manufactures seront ruinées « et disparaîtront, trois même si une seule d'entre elles se « rend suffisante à la consommation, et, quant aux ouvriers, « ruinés par cette déconfiture, la charité publique est impuis- « sante devant une telle somme de maux.

. . . .

« Un autre genre d'industrie, une machine diversement « compliquée, appelle aussi l'attention de l'observateur.

« Ecoutons M. Michel Chevalier :

« En France, la spéculation n'est d'ordinaire que de l'agio-« tage, sans aucun rapport avec la prospérité du pays. C'est un « jeu où souvent les dés sont pipés. Pour unique résultat, elle « produit la ruine et le désespoir d'un grand nombre, et si elle « peuple quelque chose, c'est l'Hôtel-Dieu ou les filets de « Saint-Cloud. Ce sont là de tristes vérités, ce sont pourtant « de celles qu'il est bon de dire. »

(DU PAUPÉRISME EN FRANCE, par le Prince de Monaco, PARIS, 1839-1840.)

« ... Par cela même que les machines diminuent la peine de « l'ouvrier, elles abrègent et diminuent le travail qui, de la « sorte, devient de jour en jour plus offert et moins de-« mandé, d'où élimination des travailleurs; or, point de tra-« vail, point de subsistance.

« En 1836, dans un atelier de Manchester, neuf métiers, « chacun de 330 broches, étaient conduits par quatre fileurs.

« Dans la suite, on doubla la longueur des chariots, qui « portaient 680 broches et deux hommes suffirent à les diriger; « puis une nouvelle amélioration permit de faire faire par un « seul ouvrier le même ouvrage.

« Cependant, s'écrie-t-on désespéré, réduction de main-« d'œuvre est synonyme de baisse de prix, par conséquent « d'accroissement d'échange, puisque si le consommateur paye « moins, il achètera davantage.

« Mais réduction de main-d'œuvre est synonyme de réduc-« tion du marché, parce que si le producteur gagne moins, il « achètera moins. »

(**P.-J. Proudhon**, *Contradictions économiques*.)

« ... De plus, l'introduction de la machine amène progres-
« sivement la division du travail; sans doute, c'était le dé-
« veloppement normal, régulier du progrès industriel, mais
« appliqué sans contre-poids, c'est-à-dire sans une juste ré-
« partition des bénéfices et sans instruction professionnelle,
« la division du travail ne pouvait qu'aggraver la situation
« déjà précaire de l'ouvrier...

« Ce qui prouve l'erreur du système, c'est que la balance du
« commerce peut se solder en faveur d'une nation sans que le
« travailleur y trouve aucune avantage réel. Une fois le salaire
« payé, la totalité des bénéfices reste au capital; — le capital
« n'a pas de patrie. De telle sorte que les bénéfices produits
« par le travail des ouvriers français peut aller en grande
« partie grossir l'*Avoir* des capitalistes d'Angleterre.

« Chaque jour, les progrès de l'industrie permettent à l'ou-
« vrier de produire davantage, dans le même espace de temps,
« mais comme il ne participe point aux bénéfices, nous pour-
« rons voir se produire ce phénomène : la balance du com-
« merce se solder à l'avantage de la France, le rendement des
« douanes, des impôts directs et indirects aller croissant, en
« même temps que le chômage sévira plus fréquemment et plus
« cruellement parmi nos populations industrielles. On peut
« donc prévoir, dans certains cas, un résultat qui semble d'a-
« bord contradictoire; la population ouvrière salariée pro-
« duisant plus, travaillant moins, recevant par conséquent
« un salaire moindre, et, par la spéculation, le capitaliste et
« l'industriel, tout-puissants sur le marché, réalisant des bé-
« néfices plus considérables. »

(Association internationale des travailleurs. Mémoire des délégués français au Congrès de Genève, 1866.)

« Tout le monde se plaint que la liberté acquise à l'industrie « par la Révolution ait engendré la concurrence illimitée; un « mal non moins grave et qui grandit tous les jours, c'est la ty- « rannie des capitaux; les capitaux menacent de tuer l'industrie.

« Le marchand et l'ouvrier subissent également la loi des « gros capitaux. — Le marchand, parce que l'aristocratie du « commerce l'écrase, que ne pouvant rivaliser pour le prix ou la « qualité avec le concurrent qui, plus riche, obtient du fabricant « des conditions meilleures, il se trouve fatalement entraîné à « épuiser jusqu'à ses dernières ressources dans d'inutiles efforts.

« La concurrence n'est pas seulement pour lui un état de « lutte continuelle qui doit profiter au consommateur, elle est « souvent une cause d'extermination.

« L'ouvrier, de son côté, subit la même loi, parce que les capi- « taux permettent au maître de lui marchander indéfiniment « le salaire et de ne lui acheter son travail que dans les mo- « ments et aux prix qui leur conviennent. Tandis que l'ouvrier, « qui ne peut attendre, parce qu'il doit manger tous les jours, « ne saurait choisir ni son moment ni son prix. Si sa position « était injuste sous le régime des corporations, elle est plus « malheureuse aujourd'hui, en ce sens que les corporations, le « protégeant contre la concurrence illimitée, lui assuraient au « moins du travail, et que dans l'état actuel des choses, la « liberté et la paix multipliant les bras autour de lui, il doit « craindre chaque jour de n'avoir pas d'occupation le lende- « main, et d'en voir avilir de plus en plus la rémunération.

« Écoutons du reste ce que dit à ce sujet M. Michel Che- « valier (1) :

(1) Cours d'économie politique fait au Collége de France, par M. Michel Chevalier, page 16. — Capelle, 1842.

« ... Avec toutes les ressources dont virtuellement elle dis-
« pose, l'industrie aujourd'hui ne sait pas garantir à tous ses
« serviteurs une modeste pitance, et elle ne sert guère mieux
« leur âme que leur corps.

« Telle qu'elle se présente maintenant, ce n'est pas toujours
« une tendre mère, c'est quelquefois, c'est souvent *une cruelle*
« *marâtre*.

« Un grand nombre de ses enfants, et particulièrement ceux
« qui peuplent les ateliers des villes, sont dans une position
« affligeante.

« Ils supportent leurs maux avec impatience, ils sont mé-
« contents et agités, et leur souffrance est devenue un péril
« pour l'Etat.

« C'est que nous ne sommes qu'au début du régime indus-
« triel et que ce début est laborieux comme tous ceux de la
« nature humaine.

« De nos jours, fait étrange qui serait explicable si l'on ne
« se souvenait que nous sortons d'une longue période révolu-
« tionnaire, et que le propre des révolutions, même des plus
« légitimes et des plus glorieuses, c'est de rompre toutes les
« attaches sociales et politiques ; de nos jours, entre le chef
« d'industrie et l'ouvrier, il y a moins de liens moraux que
« dans l'ancien régime.

« Avant 1789, la famille industrielle existait, aujourd'hui
« elle est dissoute.

« La filiation est rompue.

« Chacun pour soi. Le proverbe ajoute : Dieu pour tous, ici,
« il faudrait dire : Dieu pour personne.

« Sans liens avec leurs maîtres, les ouvriers n'en ont pas
« davantage entre eux.

« Ils n'ont les uns envers les autres ni obligation ni devoir.
« Dans l'atelier, les corps se touchent, les esprits n'ont aucun rapport.
« Il y a des hommes juxtaposés, il n'y a pas de sentiment commun, si ce n'est peut-être la chaîne du régime auquel l'ouvrier est astreint.
« La concurrence illimitée, qui est l'unique loi de l'industrie et qui rend les maîtres ennemis les uns des autres, les oblige sous peine de banqueroute, c'est-à-dire de mort industrielle, à augmenté sans cesse la tâche de l'ouvrier en réduisant d'autant la rétribution de l'unité de travail, ce qu'en langage industriel on appelle prix de la pièce. Elle contraint l'ouvrier à regarder son voisin comme un rival qui lui dispute son pain. Il semble que le génie de la guerre, repoussé par le bon sens des nations et des gouvernements, ait cherché à se ménager dans l'industrie un dernier asile, et qu'il y ait provisoirement réussi. »

C. Binot de Villiers, *Manuel des Conseils de Prud'hommes*. Paris, 1845.

Sur la question des salaires, nous allons de même proceder par citations, chemin faisant nous pourrons encore constater l'effet de la mécanique sur cette partie essentielle du problème social.

La parole est d'abord aux ouvriers.

« A l'heure qu'il est le salaire de la femme est dérisoire ; certains couvents ainsi que les prisons sont une cause prin-

« cipale de l'avilissement du prix de la main-d'œuvre des tra-
« vaux d'aiguille, et, en général, de tous les travaux de
« femme.

« Ces établissements de *bienfaisance* font une concurrence
« outrée à nos ménagères et à nos filles, au point que, si cela
« continue encore quelques années, nous serons obligés de les
« envoyer y travailler pour le prix que *les bonnes dames* vou-
« dront bien les payer ; elles n'accepteront peut-être pas nos
« femmes, mais nos filles, parce qu'elles auront l'espoir de les
« façonner à leur usage.

« La machine à coudre a été introduite dans ces maisons et
« depuis vous ne voyez plus que sœurs de toutes couleurs dans
« les magasins de confection et de lingerie.

« Nous ne répondrions pas, ma foi ! qu'elles ne soient pas
« allées frapper à la maison Godillot, afin d'obtenir *pour*
« *leurs chères enfants* la confection des pantalons et des tuni-
« ques de soldat, ou bien encore à la maison du Phénix, diri-
« gée par des israélites très-honorables, pour entreprendre des
« chemises, des cravates et des cols à bas prix.

« Toujours est-il que les ouvrières sont désolées, à juste ti-
« tre, de cette sainte et désastreuse concurrence.

« Nous pouvons dire que les femmes qui travaillent chez
« elles pour les magasins de confections, voyant chaque jour
« que les patrons leur proposent des diminutions excessives,
« impossibles, se récrient et ne sont pas peu étonnées lors-
« qu'elles aperçoivent arriver dans le fond du magasin deux ou
« trois sœurs de charité chargées de paquets d'ouvrage. Cette
« concurrence est terrible et jette la perturbation dans la plu-
« part des ménages ouvriers.

« Que dire pour les femmes ou les filles seules? »

1er juillet 1869. — Vicq. Piivard, Gauttard, Boulfenger, Adam, ouvriers délégués par la Société des Invalides civils de l'Exposition de 1867.

« Pour arriver à vivre, il faut que les malheureux ouvriers « de la petite ville dont nous parlons travaillent presque sans « relâche de trois à quatre heures du matin jusqu'à dix ou « onze heures du soir.

« Chaque matin, exténués par les travaux de la veille, ils « demandent aux boissons alcooliques le renouvellement d'une « énergie que n'a pu leur fournir un sommeil insuffisant.

« Travail à outrance, misère, abrutissement, telles sont les « conséquences d'une loi qu'il leur faut nécessairement subir. « Acablés sous le poids d'une honorable fatigue et d'une in- « tempérance blâmable, ces êtres sont vieux avant le temps, « et tout, sur leur corps amaigri comme sur leur pâle visage, « témoigne d'une décrépitude anticipée.

« Vienne le moment où nos machines seront supérieures à ce « qu'elles sont, et mises au service d'intérêts autres que ceux « qui consistent à enrichir des particuliers; à partir de cette « époque, l'ouvrie. n'aura plus à travailler douze à quatorze « heures par jour.

« Arrivé enfin à l'aisance, il ne sera pas comme aujourd'hui « dans la nécessité cruelle d'astreindre sa femme et ses jeunes « enfants à des travaux qui, le lus souvent, ne sont pas à la « mesure de leurs forces. »

C. M. Couvers, Honnoré, Cotu (Victor), Bouvier, délégués des chapeliers à l'Exposition de 1867.

3.

« Nous entendions un honorable fabricant nous dire, quand « nous paraissions douter de ces prix de revient :

« — Vous semblez surpris, Messieurs ; mais vous le seriez « moins si vous connaissiez ma façon de procéder. Je vais « dans les ports de mer ; j'achète les peaux échauffées, ava« riées ; j'achète toutes les vieilles toiles, toutes les vieilles « doublures de malles, que je fais blanchir et remettre à neuf ; « j'achète également toutes les vieilles buffleteries, shakos, « colbacks et autres bric-à-brac, et avec cela je fais des chaus« sures neuves.

« Eh bien ! Messieurs, ce fabricant fait preuve, sans doute, « de beaucoup d'intelligence et d'esprit d'entreprise ; mais « quand on paye ces produits-là peu cher, nous ne croyons « pas qu'on fasse encore un bon marché.

« On nous dit :

« — Mais ces fabricants font des affaires considérables ; les « acheteurs sont donc satisfaits, puisqu'ils reviennent : donc « ils rendent des services.

« Ce raisonnement est spécieux, et nous répondrons : Il faut « à l'ouvrier des chaussures de bonne qualité, solides et bien « établies, qui lui laissent le pied sain et sec, condition in« dispensable d'une bonne santé, chacun sait cela, et si on « revient aux chaussures inférieures, cela prouve moins la sa« tisfaction que la pauvreté.

. . . .

« Nous l'avons dit plus haut, la concurrence étant la lutte, « se perpétuera jusqu'à l'extinction de l'industrie moyenne et « au delà.

« Supposons (et cela arriverait infailliblement), supposons « le perfectionnement et la multiplication des machines qui

« nécessitent un moindre nombre de bras ; que fera la grande « fabrication ?

« Occupera-t-elle le même nombre d'ouvriers en diminuant « les heures de travail ?

« Non ; quelques industriels au cœur généreux le voudraient « qu'ils ne le pourraient pas, car les concurrents sont là qui « les ruineraient à coup sûr.

« Que feront-ils ? ils renverront un nombre d'ouvriers égal à « la puissance des machines nouvelles ; et les machines, élé- « ment de progrès, deviendront pour les travailleurs une « cause de misère.

« Or, dans ces conditions que feraient les travailleurs ? « Feraient-ils comme ceux qui, par faiblesse quelquefois, et « démoralisés par un dur travail dont le produit ne suffit pas « à leurs besoins, demandent des moyens de vivre à ces indus- « tries véreuses qui ne sont ni le travail, ni la mendicité, ni « le vol, mais participent de ces choses, et qui, descendant en- « core, vont peupler les maisons centrales, où, du moins, ils « trouvent un gîte, un vêtement et le pain quotidien que n'a « pas toujours l'ouvrier honnête, à qui on leur fait faire encore « concurrence.

« Feront-ils ainsi ? Non, sans doute ; alors ils disparaîtront « par l'émigration ou par la misère.

« Nous voudrions bien qu'on fît attention à toutes ces cho- « ses : la population n'augmente plus ; encore un pas, elle dé- « croît ; nul ne connaît l'avenir, il peut surgir de sanglantes « éventualités, et la patrie aurait besoin des bras des ouvriers, « de tous les bras de ses enfants.

Girard, Gayon, Clément, É. Lemoine, ouvriers cordonniers délégués à l'Exposition de 1867.

« Après ce long exposé des besoins et des souffrances de la « cordonnerie, nous n'avons plus qu'à nous résumer en quel« ques mots.

« D'abord, il résulte des faits que nous avons exposés plus « haut :

« 1° Qu'une grande perturbation règne dans l'industrie de la « cordonnerie ;

« 2° Que cette perturbation a pour cause la concurrence faite « par les prisons et les soldats ouvriers ; par l'abus des ma« chines et le travail divisionnaire, qui rive l'ouvrier à sa fa« brique sous le nom de progrès industriel, et qui, par un re« tour à la féodalité, supprime le tour de France, véritable pé« pinière d'artistes et d'ouvriers expérimentés ; par l'introduc« tion des chaussures clouées à bas prix, l'exploitation des « vieux cuirs et autres matières, toutes choses qui profitent « aux fabricants, tant au détriment de l'ouvrier que du con« sommateur ;

« 3° Que le salaire des ouvriers et coupeurs, en général, n'est « plus en rapport avec les exigences actuelles de la vie ;

« 4° Enfin que les seuls moyens de remédier à tous ces in« convéniens, sont l'association et la coopération.

« Jusqu'ici, en effet, l'ouvrier a donné son temps et son tra« vail pour un salaire modique sans participer aux avantages « que le fabricant retire de son labeur.

« Quelques-uns donc s'enrichissent seuls aux dépens du plus « grand nombre ; nous ferons remarquer à ce sujet que souvent « on nous donne pour modèle les institutions sociales anglai« ses. Or, là nous voyons, à côté des milliards qui s'entassent « dans la cité, des milliers de créatures vivant dans la misère « la plus sordide et la plus hideuse.

« Persister dans le système économique que nous décrivons « plus haut serait tout simplement marcher vers un résultat « semblable, et nous voudrions épargner un pareil malheur à « notre pays. »

J. Durand (1), Tourneur, David, Sabourdy, Franche, Beumiche, Guibert, Michel, Monmignon, Clément (2), ouvriers cordonniers, membres du bureau électoral pour l'envoi des délégués à l'Exposition de 1867.

« Quoi ! voilà des ouvriers auxquels on donne de trois jus- « qu'à sept ou huit francs pour faire une grande pièce que les « tailleurs payent en moyenne quatre fois plus, et l'on vien- « dra nous dire que ces ouvriers gagnent leur vie ! Etrange « aberration de l'esprit humain ! Travailler plus longtemps, et « gagner beaucoup moins, de deux à trois fois francs par jour : « on appelle cela de la liberté commerciale. Allons donc ! nous « appelons cela, nous, la confiscation de l'intelligence au pro- « fit du capital ; car, en vérité, là où l'ouvrier ne gagne pas de « quoi vivre, on ne saurait nier qu'il n'y ait confiscation.

« Il faut visiter les ateliers dans lesquels ces ouvriers tra- « vaillent, pour se rendre un compte exact de leur degré de « misère, et de leur état de dégradation physique et morale. « C'est un tableau navrant, qui serait assurément digne du « pinceau de nos éminents réalistes.

« Il les faut voir venir le matin dans ces ateliers, envelop- « pés dans des vêtements sordides, n'ayant pu, le plus sou-

(1 et 2) Devenus membres de la Commune.

« vent, avant de commencer leurs travaux, prendre la nourri-
« ture substantielle du matin.

« Il en est, nous en connaissons, qui restent quinze heures « sans prendre aucune nourriture, juste le temps, pour un « homme très-habile, et qui a faim, de faire une pièce de deux « francs cinquante à trois francs.

« Aussi, toutes ces figures hébétées, au teint hâve, à l'œil « morne, exténuées par la fatigue d'un travail forcé, acca- « blées sous le poids de besoins continus, excitent-elles la com- « passion et la pitié! La misère s'est emparée de ces êtres « inertes, souvent abjects, de ces parias de notre industrie, « pour les façonner à son image et les rendre, à nos yeux, af- « freux, méconnaissables et souvent accessibles aux plus mau- « vaises passions; enfin, la misère, dans certains cas, a rendu « leur abrutissement complet.

« Voilà donc un des résultats produits par cette exploita- « tion, et cet avilissement des salaires que nous constatons « chez tous les confectionneurs. Nous aurons occasion d'y re- « venir.

« Disons pour le moment qu'il n'y a pas lieu de s'en félici- « ter. Ajoutons également, pour être vrais en tout, qu'il se « rencontre soit dans le centre, soit dans la banlieue de Paris, « un certain nombre d'ouvriers désignés sous le nom d'appié- « ceurs à cheval, exploitant sans vergogne, au deuxième degré, « la misère de ces déshérités, et dont l'âpreté au gain efface « dans leurs cœurs tout sentiment d'humanité et de jus- « tice.

« Si nous n'avions un peu de respect pour nous-mêmes, nous « clouerions au pilori de l'opinion publique ces êtres sans nom « qui, au mépris de toutes les lois d'humanité, exploitent

« leurs camarades et leurs collègues, sans souci aucun de ces « conséquences.

« Dans tous ces ateliers de confection, les ouvriers sont, pen-« dant la morte-saison surtout, dans la plus extrême détresse, « dans le dénûment le plus absolu. En peut-il être autrement « en gagnant 2 francs par jour, prix moyen auquel peut at-« teindre l'ouvrier travaillant pour la confection? Non, si l'on « envisage matériellement la question; oui, si ces ouvriers se « sentent l'énergie de secouer cette torpeur morale qui les « asphyxie et les tue.

« Mais les ouvriers, auteurs de tous ces travaux, instru-« ments de toutes ces fortunes, que sont-ils?

« C'est le cas de dire ce que Sieyès disait du tiers état : Tout « et rien! Et cela nous dispense de bien des commentaires.

« Néanmoins nous allons examiner succinctement la situa-« tion qui est faite à l'ouvrier et qu'il occupe, dans l'industrie, « d'une façon permanente, sans oublier de voir aussi quelle y « est sa position sociale.

« Placé au milieu du mouvement industriel, vers le centre « duquel toutes les branches viennent converger, en s'agitant, « malgré cela, chacune dans sa sphère, nous trouvons l'ouvrier « considéré comme un paria, ses bras un outil, lui-même une « machine inconsciente qu'on achète au plus bas prix. Dans « ces conditions, quel attrait voulez-vous que l'ouvrier salarié « puisse trouver dans son labeur de chaque jour? Est-ce que « les fruits de ses pénibles efforts ne passent pas à d'autres? « S'il a créé un chef-d'œuvre, un travail digne d'être admiré, « à qui en revient l'honneur? Est-ce à lui? Non, c'est à celui « qui représente le capital; c'est le patron qui recevra les mé-« dailles et les croix, et dont les bénéfices obtenus sur les veil-

« les entassées de l'ouvrier serviront à payer la maison de « campagne et le lieu de son opulente retraite.

« Mais enfin, voyons où en est son budget, et s'il peut vivre « d'une façon indépendante avec son salaire de chaque jour.

« Nous ne ferons point, à l'exemple de quelques personnes, « l'historique de la progression du salaire; car il nous fau- « drait également faire la statistique de l'élévation du prix « des divers objets entrant dans la consommation journalière. « Nous prendrons donc le salaire tel qu'il est, pour servir à « la démonstration de son insuffisance actuelle.

« Toutes les plaintes formulées plus haut à propos de l'avi- « lissement des salaires chez les confectionneurs, sont loin « d'annihiler celles que nous avons à faire valoir contre les « maîtres tailleurs sur le même objet. Plus que jamais ces « plaintes sont fondées et conséquemment légitimes.

« Discutons néanmoins. Dans la plupart des premières mai- « sons de Paris, les ouvriers à la journée, désignés communé- « ment sous le nom de *pompiers*, reçoivent un salaire de 65 cen- « times l'heure, ce qui fait pour une journée de 10 heures 6 fr. « 50 centimes, qui feraient pour l'année de 365 jours 2,372 fr. « 50 centimes, s'ils travaillaient toute l'année sans perdre « même une heure. Mais, il y a toujours des mais, comme il y « a beaucoup de chômage dans notre industrie, nous retran- « cherons de notre compte 50 jours de chômage forcé (nous « sommes bien modestes car nous pourrions doubler ce chiffre, « pour les deux mortes-saisons d'été et d'hiver), plus 30 jours « de dérangement pour des causes imprévues et fortuites, « 52 dimanches et 7 jours fériés : et nous aurons un total ré- « duit à 226 jours pleins, ce qui forme un budget annuel de « 1,469 francs, et un salaire journalier, réparti bien entendu

« sur les 365 jours de 4 fr. 03 centimes par jour. Il faut « ajouter que ce sont les ouvriers à la journée, et surtout ceux « que nous désignons ainsi, qui gagnent le plus. Il en est d'au- « tres qui travaillent à 60 centimes et même à 50 centimes « l'heure, ce qui réduit encore d'autant ce pauvre budget déjà « si maigre.

« Les appiéceurs du dedans comme du dehors sont loin sou- « vent d'atteindre ce chiffre, soit que le chômage soit plus long, » soit que le travail soit moins lucratif. Plus nous avançons, « plus les mortes-saisons sont mauvaises, plus le salaire est « nécessairement réduit. Aussi les appiéceurs du dehors, dans « le but de se procurer les avantages du chez soi, les joies « ineffables du foyer domestique, font-ils travailler leurs fem- « mes avec eux. Cela augmente bien un peu apparemment le « budget de la famille ; mais, tout compte fait, si l'on dimi- « nue le temps perdu en courses faites chez le patron, les frais « occasionnés par le chauffage des fers et la lumière du chez « soi, il ne restera que fort peu de chose du gain de la femme. « De sorte que le budget de l'appiéceur, bon an mal an, n'est « pas plus gros que celui du pompier.

« Nous avons établi que le salaire des ouvriers travaillant « pour les maîtres tailleurs était en moyenne de 4 francs « 10 centimes par jour. Le dernier recensement de la Chambre « de commerce de Paris le fixe à 4 francs par jour.

« Maintenant les appiéceurs du dehors qui travaillent pour « la mesure ou la commande, de même que ceux qui travail- « lent pour le magasin , gagnent-ils réellement ce prix-là ? « Nous affirmons positivement le contraire.

« Si nous touchions en passant, à propos du salaire, aux ren- « seignements donnés sur la *Belle-Jardinière*, nous trouverions

« là un thème inépuisable de discussion, et de la plus édifiante.
« Nos lecteurs, collègues et amis, nous sauront gré de les pri-
« ver d'un débat contradictoire sur les faits contenus dans le
« rapport *officiel*, et qui frisent la banalité.

« Qu'il nous soit permis de faire une toute petite réflexion,
« sous forme de question : croit-on qu'il soit possible à l'ou-
« vrier tailleur, avec un salaire constaté de 4 francs 10 centi-
« mes par jour, de se sustenter lui et sa petite famille; de
« s'assurer avec cette faible somme, au moyen de ses *économies*,
« contre le chômage, par la société et solidarité contre la ma-
« ladie, par les sociétés de secours mutuels; et contre la vieil-
« lesse, par des cotisations versées dans les caisses de l'Etat,
« et par des assurances sur la vie? Les économies, en admet-
« tant qu'il soit possible d'en faire, lui permettent-elles de
« s'entourer, lui et sa famille, d'un luxe de précautions et
« de garanties de cette nature? Peut-il espérer devenir un jour
« coopérateur-associé d'une société coopérative quelconque?

« Il nous reste maintenant à dire un mot du rôle que joue la
« femme, comme travailleur industriel, dans le fonctionne-
« ment de la machine à coudre. En s'occupant de cette ques-
« tion, le congrès de Lausanne (1) a été presque unanime pour
« déclarer que la femme ne pouvait être considérée comme
« agent de production, comme travailleur industriel, et il a eu
« raison. Au point de vue scientifique (physiologie-hygiène),
« au point de vue économique comme au point de vue moral,
« rien ne peut justifier l'emploi de la femme comme agent de
« production. Les faits et les chiffres tirés de documents venus
« de tous côtés ont fait, de la situation de la femme condam-

(1) Congrès de l'Internationale.

« née au travail, le récit le plus navrant; c'est réellement le « martyrologe de la femme présenté dans toute son horreur. « La manufacture et la fabrique, cela est vrai, font de la « femme un être sans sexe, démoralisé et frappé des plus « tristes infirmités.

« Parmi tous les faits cités, il nous semble bon de signaler « les tristes effets de la machine à coudre, puisque cet outil « semble devoir se généraliser sur beaucoup de points, entre « autres à Paris. D'après les notes fournies par un médecin « distingué, chargé d'un service dans un des hôpitaux de la ca- « pitale, le travail de dix ou douze heures, auquel sont sou- « mises les ouvrières mécaniciennes, rend le plus grand nom- « bre de ces ouvrières hystériques, chlorotiques, gastral- « giques, etc. Le mouvement continu des jambes, ainsi que le « balancement du corps, détermine, en plus du malaise géné- « ral, des accidents particuliers à certains organes. Deux ans « de ce travail, dans ces conditions, suffisent pour détruire la « santé et la beauté d'une jeune fille (1).

« Nos renseignements particuliers ne peuvent que corroborer « les faits relatés plus haut (2). Nous ajouterons que nous « avons vu des femmes, continuant à faire fonctionner la ma- « chine dans un état avancé de grossesse, contracter le germe « de certaines maladies, et les enfants auxquels elles don- « naient le jour ne conserver la vie que fort peu de temps.

(1) Ces faits ont été l'objet d'un travail lu aux délégués par Chemalé (Eugène), l'un des délégués de l'Association internationale de Lausanne, 1867.

(2) Celui qui a vu les ateliers des machines à coudre de la maison Godillot, peut dire dans quelles conditions morales ces ouvrières mécaniciennes se trouvent. C'est le tableau le plus navrant qui se puisse jamais voir : conséquence naturelle et forcée du travail des femmes dans les manufactures.

« Avons-nous besoin de dire que les ouvrières mécaniciennes « que nous avons consultées à ce sujet, et avec lesquelles nous « avons travaillé, sont unanimes à considérer ce travail comme « très-fatigant, et par cela même très-nuisible à leur santé ? « Il serait désirable que dans le travail de la machine à coudre, on pût trouver le moyen de supprimer le fonctionnement des jambes, et qui allégerait infiniment la fatigue des « ouvrières mécaniciennes, et, par cela même, couperait court « à toutes les maladies qui en découlent.

« Nous formulons un vœu, nous indiquons une solution, « puissent les inviteurs le réaliser en la trouvant ! »

JANROY, P.-L.-L. COULON, F. DEOUBRGUE, A. DASSIÈRE,
ouvriers tailleurs délégués à l'Exposition de 1867.

Voici maintenant l'opinion d'un *maître*, de M. Jules Simon, ministre de la République.

« ... J'ai publié dans un de mes derniers livres un calcul « que je crois irréfutable, et qui porte à 1,700 francs au minimum le budget des dépenses d'une famille d'ouvriers composée de quatre personnes, résidant à Paris. Je dis 1,700 fr. « *pour vivre pauvrement*, et vous n'avez pas besoin, pour être « de mon avis, que je vous détaille leur budget.

« *Or, à 280 jours ouvrables par an, le salaire d'un ouvrier « d'élite, gagnant 6 fr. par jour, ne s'élève qu'à 1,680 francs. Ce « qu'il faut de talent et d'heureuse chance pour arriver à gagner « des journées de 6 francs, vous le savez.*

« Sur 500,000 ouvriers parisiens (chiffres ronds), 33,500 ga- « gnent 5 francs par jour, 60,000 très-bons ouvriers, qui ne

« touchent que 5 francs sont en arrière chaque année de 300 fr.;
« 44,000 qui ne touchent que 4 francs sont en arrière de
« 580 francs et le déficit augmente dans une proportion rapide
« pour les 160,000 ouvriers restant, dont un grand nombre ne
« reçoit pas même 3 francs par jour de travail.

« Supposons à présent qu'au lieu de deux enfants il en vienne
« trois, quatre, cinq, six ; la conclusion est facile à tirer.

Jules Simon, *lettre à Abel Davaud, novembre* 1867.

M. Jules Simon ne prévoit pas le chômage dans tous ces chiffres.

Un magistrat municipal bien placé pour connaître, disait à son tour :

« .... Il y a bien plus de personnes nécessiteuses qu'il n'y en
« a d'inscrites....

« . . . . Il y a beaucoup d'intéressantes misères
« dans cette population ; car un père de famille qui a sept
« enfants et qui ne gagne que 3 fr. ou 3 fr. 50 par jour, ne
« peut pas arriver à les élever si l'assistance ne vient à son
« aide.

« Mais ici encore un vice, car si l'on dit à ce père : Vous
« viendrez tel jour à dix heures, vous attendrez deux ou trois
« heures, peut-être plus, on vous donnera un bon de pain ; cet
« homme a perdu plus qu'il n'a reçu, car sa journée est sa-
« crifiée.

« S'il n'y va pas et s'il envoie sa femme ou ses enfants, on
« laisse à l'injure du temps dans les maisons de secours des
« hommes et des femmes en contact les uns avec les autres dans
« de groupes où se tiennent des propos immoraux et cela

« pendant des heures pour recevoir un bon de pain ou de « viande, quelquefois 2 francs. »

Orateur : M. Frédéric Lévy, membre de l'assistance publique, chevalier de la Légion d'honneur et maire du XIe arrondissement de Paris pendant les dix dernières années de l'Empire.

(Réunion du 12 janvier 1869, passage Raoul.)

Puisque nous avons parlé d'assistance publique, donnons quelques chiffres sur ce pénible sujet :

En 1847 le nombre des indigents à Paris était de 30,938, familles donnant 70.907 indigents.
les hôpitaux avaient soigné. 86.775 malades.
les hospices . . . . . . 11.979 infirmes ou vieillards.
de plus on comptait. . . . 13.786 enfants trouvés.

Total. 183.447 (1) individus secourus.

En 1866 il y avait 46.958 ménages indigents représentant (2) 121.330 indigents

A ce nombre il convient d'ajouter comme ci-dessus . . . . 12.689 vieillards
(3) 23.643 malades
19.231 enf. trouv.

237.893

(1) Chiffres empruntés à un travail de M. Ad. de Watteville.
(2) Extrait des documents officiels de l'assistance publique.
(3) Formulaire magistral de M. Bouchardat, professeur d'hygiène à la faculté de médecine de Paris (1865).

Ces chiffres sont des chiffres officiels, et comme M. Frédéric Lévy l'a judicieusement remarqué, les malheureux honteux n'y figurent pas.

VII

Résumé.

Or donc, et dernier point de cette première étude, l'ouvrier de l'industrie du vêtement peut-il vivre avec ce qu'il gagne?

Avant de répondre à cette grave question, consignons ici les conditions que les maîtres hygiénistes ont reconnu rigoureusement indispensable à l'entretien et au développement normal de l'être humain.

RÈGLES HYGIÉNIQUES

À OBSERVER POUR CHAQUE TEMPÉRAMENT, AFIN D'ÉVITER LES MALADIES QUI EN SONT LES CONSÉQUENCES

—

Tempéraments sanguins

« 1° Alimentation saine, médiocrement abondante et peu « excitante.

« Eviter les boissons stimulantes, le café noir et les alcoo-
« liques;
« 2° Exercice fréquent et violent, dans de certaines limites
« cependant;
« 3° La chaleur, les appartements étroits et peu aérés doi-
« vent être évités avec soin afin de prévenir les congestions
« cérébrales.

Tempérament nerveux

« 1° Eviter autant que possible les causes morales qui
« agissent sur le système nerveux. Chasser de la pensée tou-
« tes idées mystiques.
« 2° Pas de régime débilitant;
« 3° Bains fréquents;
« 4° Exercice modéré, mais assez énergique. Substituer
« l'activité physique à l'activité intellectuelle. Mener à la
« campagne une vie active et laborieuse.

Tempérament lymphatique

« 1° Respirer un air pur et suffisamment renouvelé. Habi-
« tation sèche, aérée et saine. Habitation dans les mon-
« tagnes;
« 2° Exercice régulier, suffisant, en rapport avec les forces;
« 3° Alimentation saine, abondante, plus de viande que de
« végétaux;
« 4° Eviter l'humidité;
« 5° Combattre les affections dès le début. Prescrire de
« bonne heure des toniques.

Tempérament bilieux

« 1° Sobriété habituelle. Eviter les excès de table, de bois-
« son alcooliques ;
« 2° Prendre beaucoup d'exercice ;
« 3° Fuir les émotions morales trop vives.

Pour observer ces prescriptions, l'ouvrier possède le fruit de son travail ; on sait maintenant ce que cela veut dire. Cependant pour ne pas encourir le reproche d'avoir choisi de parti pris les plus malheureux de la profession, nous supposons un travailleur assez favorisé pour ne jamais perdre une journée ouvrable et compris dans le nombre de ceux qui ont « *le talent et l'heureuse chance de gagner des journées de* 6 *fr.* Avec le travail de la ménagère, il voit son gain s'élever à 7 fr. et ils n'ont que deux enfants au-dessous de quinze ans.

7 fr., multipliés par 300 jours ouvrables (le maximum possible), donne au budget, chapitre des recettes, 2,100 fr.

Nous prions instamment les lecteurs de se substituer un instant, par la pensée, à la famille honnête dont nous allons analyser le chiffre de dépenses, et de bien vouloir se rendre un compte exact de ce qu'est une telle existence, peut-être après cela nous pardonneront-ils de paraphraser Beaumarchais, et de demander si : *Aux vertus que les bourgeois exigent des travailleurs, il y aurait beaucoup de riches dignes d'être ouvriers ?*

BUDGET D'UN OUVRIER MARIÉ ET DEUX ENFANTS

RECETTES		2.100

DÉPENSES.

Loyer, aux extrémités deParis à une heure de son travail	250 »	
Entretien : Quatre personnes à 0,15 c. par jour, tout compris, habits, linge, chaussures, coiffures	219 »	
Éclairage, charbon pour la cuisine et *le blanchissage* de fin, à 0,25 c. par jour.	91 25	
Blanchissage de gros pour quatre à 1 fr. par semaine	52 »	
Chauffage : 120 jours à 0 30 c	36 »	
Pain : Une livre par tête ou 2 kilogr. par jour, à raison de 0,45 c. par kil.	328 50	
Nourriture : A raison de 0,75 c. par jour et par tête pour deux repas	1.095 »	
Total pour une année de 365 jours	2.071 75	
Reste 28 fr. 75 c. pour l'imprévu de l'année, ci	28 75	
Total égal à la recette		2.100

Dans ce calcul, il n'entre pas un sou pour les frais d'école, pas de sortie, pas de dépenses, quelles qu'elles soient, pas d'achats de livres ou journaux.

Jamais une partie de plaisir, jamais une heure de maladie, jamais une goutte de vin, jamais de voiture ni de tabac.

Rien pour l'avenir.

Si au lieu de deux enfants il en vient quatre ou cinq, il faudra implorer la pitié des bonnes gens du quartier pour parer à ce sinistre, et pourtant on le voit :

Ils ont tous les deux toujours travaillé, et gagné le maximum probable.

Qu'en pense le lecteur?

Il y a donc déficit évident, terrible même pour ceux-là; que deviennent alors les milliers d'autres?

Continuera-t-on à prétendre qu'il soit nécessaire d'exciter les passions pour que les travailleurs n'aperçoivent que la balance est inégale entre les enfants d'une même patrie, et que, dans le milieu économique au sein duquel nous nous agitons, ce sont les trois fléaux : L'aumône, le *proxénitisme* et la phthisie, qui sont les régulateurs des relations sociales.

Comprendra-t-on enfin la philosophie terrifiante, contenue dans cette phrase banale que disent parfois les bonnes femmes : « Ah ! mes enfants, c'est trop de misère, il nous faudrait quelque grosse guerre, cela diminuerait le nombre des bras.»

Mais, enfin, comment font ceux qui existent malgré tout; ceux-là dont parlait si éloquemment MM. Fréderic Lévy et Jules Simon ?

Les ouvriers consultés ont souvent déclaré qu'il leur était

absolument impossible d'entrer dans certains détails sans révéler des misères douloureuses, des privations sans nombre.

Pour nous, qu'il nous soit permis de remettre sous les yeux du public le discours que nous avons eu l'occasion de prononcer sur ce triste sujet, devant les délégués de l'Exposition de 1867, ce sera tout à la fois une réponse à la question et l'indice certain que depuis de longues années nous avions personnellement pressenti les faits que nous a confirmé notre examen à travers l'industrie parisienne.

A cette interpellation adressée à l'assemblée comment peut faire l'ouvrier ? Nous répondions :

« On vient de vous retracer la situation désastreuse faite à » l'ouvrier par le milieu social actuel ; on vous a dit que « c'était à faire cesser ce malaise que devaient surtout tendre « vos efforts, on vous a indiqué l'utilité de vous concerter « avec la province dans le but d'arriver à la création de ma- « gasins d'échange pour les objets de premiere nécessité

« On vous a dit qu'en supprimant les octrois, les denrées « seraient dégrévées de telle sorte que l'amélioration en ré- « sultant rappellerait le fameux âge d'or des poëtes.

« Un orateur s'est aussi demandé comment un ouvrier pou- « vait arriver à équilibrer son budget, puisqu'en calculant « toutes ses dépenses au plus bas, en retranchant sur toutes « les jouissances, en s'imposant toutes les privations, il lui « fallait absolument pour vivre 1,800 francs par année, et « que pour ses recettes, 1,200 fr. étaient la moyenne.

« Comment peut-il faire ? se demande ce citoyen ; et il « ne trouve d'autre réponse que celle-ci : ceux qui dépensent « moins ne vivent pas !

« Je demande à en finir tout de suite avec cette question : « comment peut-il faire ?

« Comment il fait ? il fait faillite, car enfin il est grand » temps d'appeler les choses par leur nom : tout ouvrier ou « commerçant qui, de bonne foi, escompte l'avenir, et à l'é- « chéance ne peut faire face à ses engagements, fait faillite ; « celui qui ne peut solder ses créanciers et qui doit déposer « son bilan pour recommencer à nouveau ses opérations jour- « nalières, fait faillite.

« Or, que se passe-t-il pour l'ouvrier ? n'obtient-il pas cré- « dit à échéance en vue d'un travail lucratif sur lequel il « compte ? ne promet-il pas de bonne foi un payement inté- « gral, et s'il ne paye pas à l'époque prévue, n'obtient-il pas « quelquefois de considérer le *vieux compte* comme non avenu, « à condition qu'il payera désormais *au comptant* toutes ses « fournitures, sauf à n'acquitter le passé que par faibles à- « comptes ?

« Qu'est-donc cela, sinon une faillite ?

« Et alors même qu'il quitte un quartier en devant à tout « le monde, propriétaire, boulanger, épicier, etc., etc.; quand « il fuit dans un lieu éloigné où, inconnu, il pourra espérer « trouver un nouveau crédit : en perdant ainsi ses relations « d'ouvrage, d'amitié, quelquefois de famille, que fait-il sinon « une faillite ?

« Croyez-vous, malgré cela, que l'ouvrier n'ait pas la cons- « cience tranquille ?

« Si vraiment ! Pressuré de tous côtés, en butte à toutes les

« exploitations, il ne saurait avoir de remords : car il sait « bien que, s'il a soldé les deux tiers de sa dette, il en a payé « la valeur réelle; il sait, que, sans les intermédiaires para- « sites qui vivent de lui, il aurait à meilleur compte tout le « nécessaire de la vie et ferait, en travaillant, honneur à ses « affaires.

« Puisque le mot intermédiaire se trouve sur mes lèvres, « qu'il me soit permis de distinguer et de dire que celui qui « met à la portée du consommateur le produit fabriqué en se « contentant de prélever une rémunération du temps qu'il y « emploie, que celui-là n'est pas de ceux que nous devons com- « battre; bien au contraire, il est utile, indispensable, c'est « une fonction sociale qu'il accomplit; mais aussi, celui-là, « soyez assuré qu'il est très-rare qu'il ne fasse pas faillite, tant « le moment est propice aux opérations honnêtes.

« Ceci dit, permettez-moi d'examiner si la situation actuelle « de l'ouvrier peut être modifiée, soit par de simples réformes « isolées, soit par une association entre les habitants des villes « et ceux des campagnes, et prenons l'idée des magasins gé- « néraux dont on vient de vous parler.

« Pour faire venir vos marchandises à bas prix, avez-vous « réfléchi que les transports sont monopolisés, et que, puis- « qu'on ne peut leur faire concurrence, vous devrez subir les « conditions qu'il leur plaira de vous faire?

« Avez-vous pensé qu'en outre des octrois vous aviez toute « une légion d'impôts aussi variés que nombreux à acquitter? « Avez-vous cru pouvoir fléchir le privilége propriétaire qui « vous placera sans cesse dans l'alternative de suspendre vos « opérations ou d'en faire passer le plus clair du bénéfice « dans le solde du loyer de sa chose?

« Avez-vous pensé à quel taux vous serez obligé d'emprunter « pour économiser, car opérer sans capital, vous n'y pouvez « songer, et allez donc demander des épargnes à qui n'a pas « de quoi manger?

« Non, vous n'avez vu qu'une chose : changer l'état actuel ; « eh bien, je vous le dis, si vous ne touchez à tout, si vous ne « modifiez profondément l'édifice social, vous n'aurez rien fait, « quand même vous ne payeriez plus le droit d'octroi, vous « payerez toujours le droit du capital, car c'est là l'éternelle « question sans cesse écartée, jamais résolue; question qui « s'impose et ne cessera d'être à l'ordre du jour que lorsqu'une « solution conforme à la justice aura été appliquée.

« Et comment échapper à ce prélèvement? pourquoi vou- « driez-vous que le propriétaire qui a des risques, que le com- « merçant qui craint les faillites, que l'industriel qui exploite « le travail et craint la non-vente de ses produits, ne de- « mandent pas à gagner 10, 15 ou 20 0/0 quand ils trouvent « sans soucis, sans fatigue, sans produire, les moyens de vivre « à ne rien faire, en plaçant leurs fonds en rente d'État, argent « garanti au premier chef.

« Ce n'est pas tout, avez-vous remarqué le cercle vicieux que « les impositions, contributions, cotes mobilières proportion- « nelles, personnelles, portes et fenêtres, patentes, décimes et « centimes additionnels, nous forcent à parcourir?

« Un exemple : on agrandit une ville, et pour se conformer « à la cote proportionnelle; cote qui veut que plus on est d'ha- « bitants, plus on paye de contributions foncières et autres, « on augmente le prix des terrains en vente, et les impositions « aux propriétaires.

« Celui-ci, achetant plus cher et mettant ainsi en jeu

« une plus grande somme de capital, hausse ses loyers, con-
« séquence forcée du préjugé de productivité du capital : vous
« payez votre habitation plus cher, point acquis ; aussitôt,
« comme vous payez plus de loyer, vos contributions mobiliè-
« res augmentent.

« Est-ce tout ? Non.

« Une ville agrandie appelle des embellissements, des gran-
« des voies, des jardins : nouvelles dépenses ; afin de les cou-
« vrir, nouvel impôt, l'octroi perçoit une somme plus forte
« sur tous les objets de consommation, qui, dès lors, suivent
« la progression de cherté.

« Est-ce tout ? Non.

« La consommation n'est pas seule en question, et cet
« impôt unique ne produirait pas assez : on frappe toutes
« les matières premières ouvrables, et cette production, deve-
« nant plus tard consommation, devient forcément d'un prix
« élevé.

« Donc, à mesure que s'accroît votre gêne, s'accroissent
« aussi les exigences du milieu dans lequel nous nous agitons,
« plus vous avez à payer cher, et plus encore on vous de-
« mande, car, selon le mot d'un de nos écrivains : il faut être
« riche ponr pouvoir être pauvre à Paris.

« Est-ce tout ? Non.

« Mais je m'arrête, car, vous le voyez, la question touche à
» tout.

» J'ai indiqué le monopole des transports, de la rente d'Etat,
« du privilége propriétaire, les octrois, impôts, contributions,
« productivité du capital, commerce, intermédiaire, et je n'ai
« pas tout dit, vous comprenez pourquoi. (1)

(1) Ce discours fut prononcé en novembre 1867.

« Il suffit qu'il soit bien prouvé que l'homme ne pourra vi-
« vre en travaillant qu'après une réforme complète dans l'or-
« ganisation sociale actuelle, et je crois avoir fait passer cette
« conviction dans vos esprits.

A bientôt l'examen de l'industrie de l'ameublement.

E.-E. FRIBOURG.

INDUSTRIE DU VÊTEMENT

Tableau des progrès du Paupérisme à Paris de 1846 à 1

En 1846 la population étant de 1,000,000 La moyenne économique des salaires était de 3,34, Et la durée de chomage de 2 à 4 m
En 1860 — — 1,700,000 — industrielle — — 4,50, — — 4 à 6

Les chiffres des colonnes 1, 2, 3, 4, 5, 6, 7, 8, 13, 14, 15, 16, 25 et 26 sont empruntés aux documents officiels.—Les chiffres des colonnes 9, 10, 11, 12, 17, 18, 19, 20
des constatations officielles. Pour faciliter le calcul des proportions, nous avons à dessein arrondi les fractions par 100,000 dans les chiffre

	PROFESSIONS COMPRISES DANS LE 4e GROUPE	DIVISION DES OUVRIERS EN 1846			DIVISION DES OUVRIERS EN 1860			NOMBRE DES BRAS		DIFFÉRENCE POUR 1860		RAPPORT avec la population		MOYENNE DES SALAIRES masculins		MOYENNE DES SALAIRES féminins		GAINS ANNUELS masculins.		GAINS ANNUELS féminins.		D p. le
		hommes	femmes	enfants	hommes	femmes	enfants	1846	1860	en plus	en moins	1846	1860	1846	1860	1846	1860	1846	1860	1846	1860	en p
		(1)	(2)	(3)	(4)	(5)	(6)	(7)	(8)	(9)	(10)	(11)	(12)	(13)	(14)	(15)	(16)	(17)	(18)	(19)	(20)	(21
A	**Tailleurs**	11165	10769	281	7108	3848	117	22215	11073	»	11142	2.221	0.651	3 60	4 25	1 58	1 75	900 »	743 75	395 »	306 25	»
B	**Cordonniers**	11151	7575	444	12098	6864	166	22170	19128	»	3042	2.217	1.125	2 95	3 25	1 43	1 50	737 50	568 75	357 50	262 50	»
C	**Lingerie**	80	8074	1136	104	6861	373	10190	7338	»	2852	1.019	431	3 36	5 »	1 42	1 50	840 »	875 »	355 »	262 50	35
D	**Chapellerie**	2832	1158	103	2114	1151	89	4093	3354	»	739	409	197	4 25	5 »	1 79	2 00	1062 »	875 »	447 50	350 »	»
E	**Confection nouveautés**	1	1305	46	132	2413	132	1352	2677	1325	»	135	157	5 00	5 »	1 70	2 25	1250 »	875 »	425 »	393 75	»
F	**Modistes**	24	2354	335	79	2745	528	2713	3352	639	»	271	197	3 62	4 »	1 98	2 »	905 »	700 »	495 »	350 »	»
G	**Couturières**	»	5287	1526	148	5450	1225	6813	6823	10	»	681	401	»	5 »	1 50	2 »	» »	875 »	390 »	350 »	875
H	**Blanchisseuses**	36	7491	1236	35	8787	732	8763	9554	791	»	876	503	3 09	3 50	2 19	2 25	772 50	612 50	547 50	393 75	»
I	**Gantiers**	1054	1076	37	747	422	27	2167	1196	»	971	216	70	4 10	4 50	1 34	2 »	1025 »	787 50	335 »	350 »	»
J	**Bonnetiers**	1068	1565	17	559	2721	6	2650	3286	636	»	265	193	2 39	3 75	1 13	1 75	697 50	656 25	282 50	306 25	»
K	**Fourreurs**	234	399	5	554	484	27	638	1065	427	»	63	62	4 0»	5 »	1 75	2 »	1050 »	875 »	437 50	350 »	»
L	**Casquettes**	81	2929	46	119	1251	18	3056	1398	»	1658	305	82	2 98	5 »	1 44	2 »	745 »	875 »	360 »	350 »	130
M	**Corsets**	38	9810	120	197	1990	67	2968	2254	»	704	296	132	3 06	4 »	1 49	2 »	765 »	700 »	372 50	350 »	»
N	**Poils pour chapeaux**	91	505	»	288	771	5	596	1064	468	»	59	62	3 69	5 »	1 61	2 »	922 50	875 »	302 50	350 »	»
O	**Buscs**	96	42	4	517	349	19	142	885	743	»	14	05	3 06	4 »	1 47	1 75	765 »	700 »	377 50	306 25	»
P	**Chapeaux de paille**	308	2183	15	314	586	14	2506	911	»	1492	250	5	4 66	5 »	2 35	2 »	1165 »	875 »	577 50	350 »	»
Q	**Teinturiers-Dégraisseurs**	59	510	59	569	529	44	628	1142	514	»	62	37	3 88	4 50	2 27	2 »	970 »	787 50	567 50	350 »	»
R	**Fripiers**	»	164	21	226	411	11	185	618	463	»	18	3	»	3 50	2 05	2 50	» »	612 50	512 50	437 50	612
S	**Buanderie et Lavoir**	193	45	»	351	26	»	238	377	139	»	23	2	3 02	4 »	1 92	2 25	755 »	700 »	480 »	393 75	»
T	**Sabots**	60	34	3	249	34	2	97	285	188	»	9	1	3 42	4 50	1 38	1 75	855 »	787 50	345 »	306 25	»
U	**Teinturiers en peaux**	149	20	5	312	41	1	174	354	180	»	17	2	4 12	4 50	2 65	2 »	1030 »	787 50	662 50	350 »	»
V	**Chaussonniers**	728	1154	31	157	106	14	1913	277	»	1636	191	1	2 75	2 50	1 18	1 50	687 50	487 50	295 »	262 50	»
X	**Costumiers**	87	47	»	25	465	»	134	490	356	»	13	2	3 57	4 50	1 68	2 25	887 50	787 50	320 »	393 75	»

Totaux généraux des bras en 1846 : 96,391
— — 1860 : 78,934

DIFFÉRENCE EN MOINS : 17,457.

Chiffres d'affaires en 1846 : 271,232,3
— en 1860 : 474,606,2

INDUSTRIE DU VÊTEMENT

bleau des progrès du Paupérisme à Paris de 1846 à 1860

,000,000 La moyenne économique des salaires était de 3,34, Et la durée de chomage de 2 à 4 mois } pour 49 0/0 des maisons parisiennes.
,700,000 — industrielle — — 4,50, — — 4 à 6 — }

, 8, 13, 14, 15, 16, 25 et 26 sont empruntés aux documents officiels.—Les chiffres des colonnes 9, 10, 11, 12, 17, 18, 19, 20, 21, 22, 23, 24, représentent la conséquence officielles. Pour faciliter le calcul des proportions, nous avons à dessein arrondi les fractions par 100,000 dans les chiffres de la population.

Division des ouvriers en 1846 — hommes (1)	en 1846 — femmes (2)	en 1846 — enfants (3)	en 1860 — hommes (4)	en 1860 — femmes (5)	en 1860 — enfants (6)	Nombre des bras 1846 (7)	Nombre des bras 1860 (8)	Différence pour 1860 en plus (9)	Différence pour 1860 en moins (10)	Rapport avec la population 1846 (11)	Rapport avec la population 1860 (12)	Moyenne des salaires masculins 1846 (13)	masculins 1860 (14)	féminins 1846 (15)	féminins 1860 (16)	Gains annuels masculins 1846 (17)	masculins 1860 (18)	féminins 1846 (19)	féminins 1860 (20)	Différence en 1860 p. les hommes en plus (21)	p. les hommes en moins (22)	p. les femmes en plus (23)	p. les femmes en moins (24)	Chiffre d'affaires en 1846 (25)	Chiffre d'affaires en 1860 (26)
1165	10769	281	7108	3848	117	22215	11073	»	11142	2.221	0.651	3 60	4 25	1 58	1 75	900 »	743 75	395 »	306 25	» »	156 25	» »	88 75	80.649.320	112.344.880
1151	7575	444	12098	6864	166	22170	19128	»	3042	2.217	1.125	2 95	3 25	1 43	1 50	737 50	568 75	357 50	262 50	» »	468 75	» »	95 »	46.291.692	87.542.745
80	8974	1136	104	6861	373	10190	7338	»	2852	1.019	431	3 36	5 »	1 42	1 50	840 »	875 »	355 »	262 50	35 »	» »	» »	92 50	26.553.698	45.289.600
2832	1158	103	2114	1151	89	4093	3354	»	735	409	197	4 25	5 »	1 79	2 00	1062 »	875 »	447 50	350 »	» »	187 »	» »	97 50	16.762.680	29.828.964
1	1305	46	132	2413	132	1352	2677	1325	»	135	157	5 00	5 »	1 70	2 25	1250 »	875 »	425 »	393 75	» »	375 »	» »	31 25	7.632.012	27.765.600
24	2354	335	79	2745	528	2713	3352	639	»	271	197	3 62	4 »	1 98	2 »	905 »	700 »	495 »	350 »	» »	205 »	» »	145 »	12.376.113	20.439.370
»	5287	1526	148	5450	1225	6813	6823	10	»	681	401	»	5 »	1 50	2 »	» »	875 »	390 »	350 »	875 »	» »	» »	40 »	9.030.148	36.229.751
36	7491	1236	35	8787	732	8763	9554	791	»	876	503	3 09	3 50	2 19	2 25	772 50	612 50	547 50	393 75	» »	60 »	» »	153 75	12.060.187	15.678.233
1054	1076	37	747	422	27	2167	1196	»	971	216	70	4 10	4 50	1 34	2 »	1025 »	787 50	335 »	350 »	» »	237 50	15 »	» »	16.529.957	14.987.400
1068	1565	17	559	2721	6	2650	3286	636	»	265	193	2 39	3 75	1 13	1 75	697 50	656 25	282 50	306 25	» »	40 75	23 75	» »	4.754.717	10.823.439
234	399	5	554	484	27	638	1065	427	»	63	62	4 0,	5 »	1 75	2 »	1050 »	875 »	437 50	350 »	» »	175 »	» »	87 50	4.336.950	10.711.900
81	2929	46	119	1251	18	3056	1398	»	1658	305	82	2 98	5 »	1 44	2 »	745 »	875 »	360 »	350 »	130 »	» »	» »	10 »	7.623.851	10.461.320
38	2810	120	197	1990	67	2968	2254	»	704	296	132	3 06	4 »	1 49	2 »	765 »	700 »	372 50	350 »	» »	65 »	» »	22 50	5.084.245	8.567.443
91	505	»	288	771	5	596	1064	468	»	59	62	3 69	5 »	1 61	2 »	922 50	875 »	302 50	350 »	» »	47 50	47 50	» »	2.506.185	7.989.150
96	42	4	517	349	19	142	885	743	»	14	05	3 06	4 »	1 47	1 75	765 »	700 »	377 50	306 25	» »	65 »	» »	71 25	1.863.950	7.672.400
308	2183	15	314	586	14	2506	911	»	1492	250	5	4 66	5 »	2 35	2 »	1165 »	875 »	377 50	350 »	» »	290 »	» »	227 50	6.824.793	7.713.700
59	510	59	569	529	44	628	1142	514	»	62	37	3 88	4 50	2 27	2 »	970 »	787 50	567 50	350 »	» »	193 »	» »	217 50	3.722.935	5.983.400
	164	21	226	411	11	185	618	463	»	18	3	»	3 50	2 05	2 50	» »	612 50	512 50	437 50	612 50	» »	» »	75 »	616.700	5.031.380
93	45	»	351	26	»	238	377	139	»	23	2	3 02	4 »	1 92	2 25	755 »	700 »	480 »	393 75	» »	55 »	» »	86 25	1.018.550	3.705.750
60	34	3	249	34	2	97	285	188	»	9	1	3 42	4 50	1 38	1 75	855 »	787 50	345 »	306 25	» »	67 50	» »	38 75	205.500	1.775.950
49	20	5	312	41	1	174	354	180	»	17	2	4 12	4 50	2 65	2 »	1030 »	787 50	662 50	350 »	» »	242 50	» »	312 50	412.600	1.558.300
28	1154	31	157	106	14	1913	277	»	1636	191	1	2 75	2 50	1 18	1 50	687 50	487 50	295 »	262 50	» »	200 »	» »	32 50	3.602.977	1.394.[illegible]35
87	47	»	25	465	»	134	490	356	»	13	2	3 57	4 50	1 68	2 25	887 50	787 50	320 »	393 75	» »	100 »	73 75	» »	323.550	731.000

en 1846 : 96,391 } Différence en moins : 17,457.
1860 : 78,934 }

Chiffres d'affaires en 1846 : 271,232,310 } Différence en plus : 203,282,920.
— en 1860 : 474,606,230 }

www.ingramcontent.com/pod-product-compliance
Ingram Content Group UK Ltd.
Pitfield, Milton Keynes, MK11 3LW, UK
UKHW012101240726
13965UKWH00004B/1454